사랑합니다
축복합니다
응원합니다

채 복이 드림

최복이 신앙 시집

평강의 이불
[평안과 기쁨시]

"나의 평안을 너희에게 주노라

내가 너희에게 주는 것은 세상이 주는 것과 같지 아니하니라

너희는 마음에 근심하지도 말고 두려워하지도 말라"

요 14:27

평강의 이불 [평안과 기쁨시]

발행	2022년 9월 17일
지은이	최복이
발행인	윤상문
디자인	박진경, 장미림
발행처	킹덤북스
등록	제2009-29호(2009년 10월 19일)
주소	경기도 용인시 기흥구 동백동 622-2
문의	전화 031-275-0196 팩스 031-275-0296
ISBN	979-11-5886-255-8 03230

Copyright ⓒ 2022 최복이
이 책은 저작권법에 따라 보호받는 저작물이므로 무단전재와 복제를 금지하며,
이 책의 내용의 전부 또는 일부를 이용하려면 반드시 저작권자와 킹덤북스의
서면 동의를 받아야 합니다.

※ 잘못된 책은 구입한 곳에서 교환하여 드립니다.
※ 책 가격은 표지 뒷면에 있습니다.

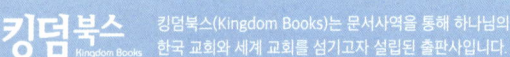

킹덤북스(Kingdom Books)는 문서사역을 통해 하나님의 나라를 확장하고,
한국 교회와 세계 교회를 섬기고자 설립된 출판사입니다.

최복이 신앙 시집

평강의 이불
[평안과 기쁨시]

최복이 지음

시인의 말

오래 목마름이 있었습니다
우울했습니다
삶이 너무 무겁고 힘겨웠습니다
우울과 고독을 달고 다니던 시간이 있었습니다

정작 목마름의 원인이 무엇인지도 몰랐습니다

그냥 물질 인정 사랑 풍요…… 일까

세상것으로는 결코 채워지지 않는
목마름이라는 것을
곧 알게 되었습니다

나의 참주인
나의 창조자
나를 만들고 세상에 보낸
그분을 만나서 모든 것을 알게 되었습니다

오직 그분의 숨결로
그분의 생명으로
내 허한 가슴이 채워질 때
비로소 참평안과 참기쁨이 온다는 것을

허물과 죄로 죽었던 내가
그분의 생명값으로
용서와 회복이 가능하다는 것을 알았을 때
한없이 울었습니다

그분의
십자가 보혈의 옷자락으로
초라한 나를 덮을 때
그때서야
그렇게 갈망하던
참평강이
따뜻한 이불처럼
나를 감싼다는 것을 알았습니다

영원한 평강과 기쁨으로
그분이 내 안에
내가 그분 안에 머무는 법을
배우고 익히는 중입니다

염창동 소금 창고에서
최복이

차례

| 6 | 시인의 말

제1부 삶은 말의 열매다

| 16 | 삶의 해답
| 18 | 몸부림
| 20 | 그냥 가족이라서 좋다
| 21 | 거룩한 낭비의 시간
| 22 | 위기 탈출의 지혜
| 23 | 삶은 말의 열매다
| 24 | 내면의 시력
| 25 | 자아가 죽으면
| 26 | 속삭임
| 27 | 평강의 이불
| 28 | 신비한 변신
| 29 | 죽음에 대한 묵상
| 30 | 소유주
| 31 | 기도의 절정
| 32 | 인정받고 싶었다
| 33 | 나중에 깨닫는다
| 34 | 솔직한 표현
| 35 | 영성지수
| 36 | 접붙임
| 37 | 성화

| 제2부 | 성령 예찬 |

40	진정한 친구
41	속 깊은 고독
43	서로 다른 짝
44	결국을 보니
45	구제 불능
46	애통함
47	목마름
48	하늘 양식
49	최종 목적지
50	사람의 본분
51	일체의 비결
52	평안히 사는 이유
53	이겨야 할 대상
55	평온함의 근원
56	일상의 즐거움
58	묵상적 삶
59	부끄러운 고백
61	성령 예찬
62	시험의 때
63	마라나타

| 제3부 | **예수를 깊이 생각하라** |

66	복된 약속
68	삶의 혁명
70	예수를 깊이 생각하라
72	희락
74	충만한 기쁨 영원한 즐거움
75	일치 연합 연결
76	영적 민감성
77	영혼의 만족
78	그 길 끝에서
80	수고와 슬픔뿐이지만
81	발아래 앉아
82	영혼의 정원에서
84	참만족
85	온유해지면
87	일상 주의 선물이다
89	내게 나타나신 것은
90	나의 주인 나의 사랑
91	생명선
92	연합의 조건
94	본질

제4부 가장 아름다운 길

96	통로
98	모세의 기도
99	내가 가는 길
100	더 가까이
101	딸이 좋다
102	내 마음자리에
103	행복의 기름 부음
104	경외함의 뿌리
105	흔드심
106	그래도 일하러 가는 사람
108	온유하고 겸손하면
109	명마가 되는 길
110	가장 아름다운 길
112	또 다른 차원의 축복
113	그 사랑에 뿌리를 내리고
114	거침없게 흠 없이
115	아름다운 성전
116	어떻게 하면
118	내 삶의 채널
119	한 가지 소원

제5부	무릎으로 가는 길
122	왕의 자녀
124	닮고 싶습니다
125	무릎으로 가는 길
127	생산의 법칙
128	자기 의 하나님의 의
129	징계하시는 사랑
130	하나님의 비밀
131	하나님의 음성
132	죽은 자
133	고난의 강도만큼
135	구원의 오해
137	사모함으로
138	나비의 여정
140	성화의 은혜
142	나의 친구라
143	주의 거하실 처소
144	우주 무대에서
146	풀어 주소서
148	그래도 힘이 나는 이유
149	우울할 수 없는 이유
151	종신토록 주 앞에서
152	우울의 끝
153	하나님의 저울

1부
삶은 말의 열매다

삶의 해답

인생은 결국 올바른 길찾기다
선택이 삶을 결정한다
수많은 길 앞에
간절히 기도할 수밖에 없다
만물의 설계자 창조자
주관자 앞에 묻는 것이 참지혜다
그분의 손에 삶의 해답이 있다

인류는 진리를 찾아 여기까지 왔다
수많은 지식인들은
아직도 진리를 찾아 헤맨다
모두 답을 찾기 전에 사라져 갔다
진리는 영원 불변해야 한다
불변의 역사를 이끄는 참진리는
오직 그리스도 한 분뿐이시다

생명은 인류의 관심이다
건강한 삶 행복한 삶
모두의 목적이다
무엇을 먹을까 무엇을 마실까
무엇을 입을까 염려하지 말라
길이요 진리요 생명이신 주께
모든 것을 믿고 맡기고 따라오라 하신다

몸부림

끈질긴 이기심
지독한 교만
나를 망치는 것들이다

끊어내려 몸부림쳐도
교활하게 나를 붙들고
교묘하게 치명타를 안긴다

틈만 나면
영적인 우쭐거림
최악의 상태로 주 앞에 서 있다

자기 포기를 결단했다
통째로 최악의 자아를
온전히 주께 올려드렸다

선하고 아름다운 모습을
드리지 못해 죄송했다
흉악한 나를 기쁘게 받아 주셨다

이제 나의 주인이 바뀌었다
안심이다
나의 언행 심사는 주인의 것이다

그냥 가족이라서 좋다

너무 더뎌도
덜 갖춰져도
좀 지저분해도
마음에 들지 않아도
기대에 못 미쳐도
이런 저런 흉허물이 많아도
그냥 가족이라서 좋다

좀 참아주고 덮어주고
기다려주고 응원하는
그저 함께 있음에 감사하는
기쁠 때나 슬플 때나 동행하는
익숙하고 자연스러운 평안함
거기 있음으로 의미 있는
그냥 가족이라서 좋다

거룩한 낭비의 시간

지체되고 지연되고
더딘 것은 모두 내 탓이다
나의 조급함은 독이 되었다

주께 자랑스럽고 싶었다
서둘러 인정받고 싶었다
정작 주만 바라보지 못했다

함께 하는 시간의 중요함
배우고 알아가는 친밀함이 먼저인데
거룩한 시간을 낭비라 생각했다

생각보다 더 무능하고
갈수록 더 무력하며
무지를 인정하는 과정이 되었다

아직 늦지 않아서 감사하다
조용히 그 발치에 머물러
거룩한 낭비의 시간을 보내고 싶다

위기 탈출의 지혜

길이요 진리요 생명이신
주께 멀어짐이 위기다
경로 이탈 경고음이 울릴 때
가던 길을 돌이켜야 한다

주를 잘 섬기는 자는
평안히 살고
재앙의 두려움 없이
안전하다고 주는 약속하셨다

주의 법을 잘 지키는 자는
큰 평안이 있고
그에게는 장애물이 없다고
분명히 말씀하셨다

주께 가까이하고
주의 말씀을 청종함이
위기 탈출의 지혜다
주를 의지하는 자는 복이 있다

삶은 말의 열매다

그 사람의 말은 그 사람이다
그 사람의 뜻과 생각
그 사람의 마음과 감정
그 사람의 성품과 가치관
그 사람의 모든 것이
그의 말 속에 들어 있다

그의 말을 보면
그의 과거 현재 미래를 알 수 있다
결국 우리의 삶은 말의 열매다
선하고 복된 열매를 맺으려면
그 말의 쓴 뿌리를 잘라내는 것이다
그리고 좋은 나무에 접붙임 받는 것이다

주 안에 있으면 새로운 피조물이라
길이요 진리요 생명 되신
주께 접붙임 되는 것이다
주께 연합되고 연결되면
값지고 아름다운 열매를 맺는다
주의 생명수가 그 말에 흘러넘칠 것이다

내면의 시력

내면의 시력
민감성을 유지해야 한다
양심에 시비가 있을 때
멈추어야 한다
자세히 들여다봐야 한다
더러움과 빗나감을
찾아내어 되돌려야 한다

내면의 시력이 흐려지지 않게
자주 닦아야 한다
자주 비추어 기능을
유지해야 한다
내면의 시력은
정결함과 평안을 준다
주께로 이끈다

자아가 죽으면

자아가 죽으면
공격도
시험도
환란도
고난도 승리할 것이다

자아가 죽으면
아픔도
슬픔도
저주도
어둠도 떠나갈 것이다

자아가 죽으면
참평안이
참기쁨이
참자유가
천국이 임할 것이다

속삭임

하나님을
진정 사랑하는 것은

그분 자체를
기뻐하고 즐거워하는 것

그분 안에서
의지하며 평안을 누리는 것

그 은혜를 기억하며
찬양하고 춤추는 것

그분을 신뢰하고
깊은 속삭임을 주고받는 것

평강의 이불

세상의 어두움 속에
불안과 두려움
고통과 환란 가운데
잠잠히 주 앞에 나와
주님의 옷자락
평강의 이불을 덮어라

주의 사랑
주의 은혜 앞에
온 마음을 쏟아놓고
범사를 인정
오직 주께 의지함으로
성령의 이불을 덮어라

신비한 변신

아름답다
자유롭다
유익하다
가볍다
나비처럼 되고 싶다

애벌레의 신비한 변신
그리스도 안에 있으면
새로운 피조물이라
이전 것은 지나갔으니
보라 새것이 되었도다

죽음에 대한 묵상

어떻게 살 것인가
어떻게 죽을 것인가
인류는 오래도록 지금까지
철학적 고민을 해왔다

내게 죽음은 천국의 문이다
그리스도는 양의 문이다
죽음은 험하고 슬픔의 땅에서
평화로 들어가는 문이다

그 길을 창조주는 열어 놓았다
신은 선택의 자유의지를 주셨다
길이요 진리요 생명을 선택할 것인가
죄와 사망의 길을 선택할 것인가

죽음을 기억해야 한다
심판을 기억해야 한다
죽음의 길과 생명의 길
그래서 이 땅은 희망이요 기회다

소유주

주는 나를 창조하신 분이다
원래 주인이시다

이 세상 죄악덩어리인 나를
파멸의 웅덩이에서 건져내셨다

죽을 생명을
십자가 주의 핏값으로 사셨다

그래서 나의 소유주는
예수 그리스도이시다

나는 하나님의 것이다
그 주권에 복종함이 마땅하다

그분이 거룩하시니 거룩해야 한다
점진적인 거룩을 갈망한다

내주하신 성령의 이끄심과
그분의 형상을 닮아가길 소원한다

기도의 절정

기도의 절정은
주의 음성을 듣는 것이다
기도의 고요함 속에
주의 속삭임을 듣는 것이다

모든 것을 차단하고
주께 집중해야 들을 수 있다
깊은 무릎의 시간에
주께서 말씀하신다

모든 생각이 잠잠해 질 때
세미한 음성이 들린다
내 안에 내가 죽을 때
주의 귓속말을 알아들 수 있다

어두운 곳에서 이른 말을
광명한 곳에서 말하고
귓속말로 들은 것을
집 위에서 전파하라

인정받고 싶었다

주에 대한 일편단심
나의 사랑을 인정받고 싶었다
충성된 마음을 보여드리고 싶었다

전심으로 향함을 나타내고 싶었다
기뻐하시는 일을 찾아 하고 싶었다
나의 선함을 드러내고 싶었다

모든 것이 자기 사랑에서 나온
자기 의임을 알았다
자기중심적 이기주의

진정 사랑한다면
주의 뜻을 묻고 답하는 교제의 시간
서로 알아가며 배우는 시간이 중요하다

주께서는 깊이 만나는 시간을 더 원하셨다
사랑은 일방적이 아니라
인격적 쌍방 관계임을 알게 하셨다

나중에 깨닫는다

광야는 자신을 보는 시간이다
내면에 감춰졌던
잘 포장된 자아덩어리가
그대로 노출되는 시간이다

단절은 자신도 미처 몰랐던
쓴 물들이 흘러나오는 시간이다
오직 주의 만짐이
고침이 필요하다

고난은 새로와지는 시간이다
주의 긍휼이 내려온다
영혼의 수술이 진행된다
전혀 다른 목적으로 변화된다

결국 광야는 주를 깊이 만나는 시간이다
선하심을 맛보는 시간이다
하지만 그 사랑 그 은혜
나중에 깨닫는다

솔직한 표현

힘들면 힘들다고
아프면 아프다고 말해
잘 참고 견디는 것도 좋지만
마음을 표현하는 것도 중요해
주는 우리 마음에
희노애락을 넣어 주셨지

기쁘면 기쁘다고
감사하면 감사하다고 말해
과묵한 것도 좋지만
솔직한 표현은 관계를 좋게 해
주는 우리와
인격적인 관계를 맺길 원하시지

영성지수

믿음은 관계이다
영성지수는 하나님과의 관계 지수다
믿음의 척도이다
영성은 주와 연합과 연결이다

성령지수
임재지수
동행지수
곧 영성지수로 나타난다

섬김지수
고난지수
인내지수
사람과의 관계 지수로 이어진다

높은 영성지수는
그리스도의 사랑 가운데
뿌리내리고 터가 굳어져서
주의 충만함에 이르게 한다

접붙임

어떻게 죄를 따르던 옛 성품이
의를 따르는 새 성품으로 변할 수 있을까

어떻게 돌같이 굳은 마음이
살같이 부드러운 마음으로 바뀔 수 있을까

어떻게 가시나무에서
무화과 열매를 딸 수 있을까

그가 내 안에 내가 그 안에
주께 접붙임으로만 가능하다

초자연적인 주의 능력
오직 주의 은혜로만 주어진다

성화

성화되어가는 것은
구원받은 자의 증거다

주께서 목숨을 내어
우리를 건진 이유다

착한 일을 시작하신 이가
반드시 이루어 가실 것이다

세상에서 잘라 내고
분리시킬 것이다

성결함 없이는
주를 볼 수 없다

주의 영광을 위해 친히
세상에 능력을 나타내실 것이다

천국 백성으로 성화시키시고
친히 주의 형상을 회복시키실 것이다

2부
성령 예찬

진정한 친구

진정한 친구
속 깊은 관계
주의 마음과 뜻에 연합
하나 되길 원합니다

상식적이고 일상적인
작은 결정까지도
주의 뜻에 일치하는
온전한 관계되길 소원합니다

완벽한 친밀도
더 이상 묻지 않아도
어긋나지 않는 일치
하나 되길 소망합니다

설사 잘못되어도
친히 궤도 수정하시기에
주 안에 자유와 기쁨과 평안이
넘치는 관계이길 갈망합니다

속 깊은 고독

주의 사명의 길은
고독한 길
혼자 가야만 하는 길

무심한 사람들
공허한 가르침
끝까지 생명을 전해야 하는 길

진리에 무관심한 채
기적을 찾아온 사람들
긍휼로 품고 사랑해야 하는 길

고난의 사명보다
기회만 보는 가까운 이들
외롭고 고독한 구원자의 길

오병이어도
따르는 무리들도 뒤로하고
한적한 곳으로 가는 길

주의 속 깊은 고독
영생의 기쁨을 위해
아프고도 슬픈 십자가의 길

서로 다른 짝

기쁨이 있으니 슬픔이 있고
생명이 있으니 죽음이 있고
행복이 있으니 불행이 있다

건강이 있으니 병이 있고
빛이 있으니 어둠이 있고
참이 있으니 헛됨이 있다

겸손이 있으니 교만이 있고
진실이 있으니 거짓이 있고
충성이 있으니 배신이 있다

결국을 보니

인생의 결국을 보니
나는 아무것도 아니다
나는 아무것도 할 수 없다
주의 은혜 없이
주의 도움 없이 살 수 없다
오직 여호와를 경외하고
그 명령을 지키는 것이 답이다
모든 행위와 은밀한 일까지
선악을 주께서 심판하실 것이다
주 안에 사는 삶이 옳은 길이다

구제 불능

구제 불능인 나를 건지신
주의 은혜와 사랑에 감격한다

스스로 절망 가운데
포기한 죄덩어리를
그 존귀한 핏값으로 사셨다

그리고 고치시고 만지시고
세워서 스스로를 보게 하셨다

유일하신 참하나님과
보내신 그리스도를 알게 하시고
친히 만나 주셨다

그 사랑 그 은혜
너비와 길이와 높이와 깊이
가늠할 수도 측량할 수도 없다

나는 주의 것이다
오직 주의 뜻대로만
일점일획도 어긋남 없이 살고 싶다

애통함

저를 건져 주소서
스스로 아무리 애써도
자아를 해결할 수 없습니다
고쳐 주소서
자아를 없애 주소서
끈질긴 자아 죄악덩어리가
발목을 잡습니다
주께로 나아갈 수 없게 합니다
날마다 절망합니다
영적 암덩어리 같은 교만
완전히 제거해 주소서
성령께서 도와주셔야 합니다
제가 할 수 없다는 것을 인정하고
제가 아무것도 아닌 것을 시인합니다
주여 도와 주소서
끊어 주소서
죽여 주소서
받아 주소서

목마름

배고픈 아이처럼
목마른 사슴처럼

주리고 목이 마릅니다
갈급함으로 나아갑니다

주를 향해 달려갑니다
주만 바라봅니다

전심으로 의지합니다
찾고 구합니다

주께 짐을 내려놓습니다
주 안에서 쉬게 하십니다

주의 생명수를 마십니다
생수의 강이 흘러넘칩니다

채워지지 않던 목마름
영원히 해갈되었습니다

하늘 양식

하늘나라는
먹는 것과 마시는 것이 아니라
성령 안에서
의와 평강과 희락이라
아버지의 일을 하는 것이
양식이라
성령의 충만함
영적 충만함은
세상 어떤 진미보다
풍성하고 꿀송이보다 달다
하늘 양식은
그리스도의 사랑이다

최종 목적지

우리의 최종 목적지는
아버지가 기다리시는 천국이다
인생의 오르막 내리막
험한 길 곧은 길 있지만
소망이 있어 인내한다
길이요 진리요 생명 되신
주께서 십자가로 열어놓으신 길
주와 함께 가면
멍에는 쉽고
짐은 가볍다고 약속하셨다
오늘도 기쁘게 좁은 길을 간다

사람의 본분

마음에 기뻐하여
마음에 원하는 길과
눈에 보는 대로 행해라
그러나 하나님이 모든 일로
너를 심판하실 줄 알아야 한다

자유롭게 살아도 좋지만
만사에 주의 깊게 살아야 한다
주께서 다 보고 듣고 알고 계심을
의식하며 행해야 한다
깊이 명심해야 한다

하나님을 경외하고
그의 모든 명령들을 지켜라
이것이 모든 사람의 본분이다
모든 행위와 모든 은밀한 일을
선악 간에 심판하신다

일체의 비결

죽을 영혼 살아난 기쁨
천국 소망으로 인내할 수 있다

주의 십자가 사랑을 믿으므로
두려움 없이 나아간다

살아있는 모든 순간
주의 은혜에 감사할 수 있다

이 땅의 고독한 순례길
주께서 동행하시니 기쁘기만 하다

다 지나가고 사라져 갈 것들
애착과 집착을 버리고 홀가분하게 간다

풍부와 궁핍에도 일체의 비결을 배웠으니
능력주시는 자 안에서 모든 것 할 수 있다

조급함도 욕심도 다 내려놓고
오늘도 기쁘게 주를 따라간다

평안히 사는 이유

하나님의 선하심을 믿는다
실수하지 않으심을 믿는다
항상 옳고 완전하심을 믿는다
영원히 변치 않으심을 믿는다
합력해 선을 이루심을 믿는다
약속의 말씀을 지키심을 믿는다
연약함을 긍휼히 여기심을 믿는다
끝까지 인도하심을 믿는다
고난을 유익하게 하심을 믿는다
버리지도 떠나지도 않으심을 믿는다
기도를 듣고 응답하심을 믿는다
보혜사 성령의 이끄심을 믿는다
진리가 결론되게 하심을 믿는다
그리스도의 승리의 영광을 믿는다
끝까지 사랑하심을 믿는다
주 안에서 평안히 사는 이유다

이겨야 할 대상

주께서 뜻하시고 계획하신
마땅히 주어진 에덴을
다시 회복해야 한다

그리스도의 십자가 대가 지불
그 값진 보혈의 희생을
헛되게 해서는 안 된다

십자가에서 해결하고도
두렵고 떨림으로 구원을 이루라 하신다
선한 믿음의 싸움을 해야 한다

자아를 이겨내야 한다
주의 나라를 가장 방해하는
또 다른 이겨야 할 대상이다

자기 뜻과 자기중심성
자기도 모르게
주께 대적하는 사단의 짝

교활한 이기성
깊이 감추어진 어둠과
오랜 된 쓴 뿌리들

오염된 자아를 보혈로 씻고
성령의 불로 태우고
성령의 빛으로 쫓아내야 한다

그때야 비로소 주의 얼굴을 뵈오며
영원한 평안과 기쁨과 자유함
천국을 이 땅에서도 누릴 것이다

평온함의 근원

평온함은
주께서 바라시는 항구다

근심 걱정 두려움은
적들이 던지는 미끼다

주께 완전히 의존된 상태일 때
그 위험에서 벗어날 수 있다

믿음으로 주와 연합된 자는
아무도 건드릴 수 없다

주께 근심 걱정 두려움을 던져야 한다
그때 주신 평온함을 누릴 수 있다

주께서 친히 보호하신다
주께서 약속하셨기 때문이다

주는 나의 피난처요 힘이시라
주를 의지하는 자는 복이 있다

일상의 즐거움

시장을 보고
음식을 만드는 일은 즐겁다

애완견의 배설물을 치우는 일과
쓰레기 분리하는 일은
그리 즐겁지는 않지만
치운 뒤 개운한 기분이 좋다

화초에 물을 주는 일
정원을 감상하는 일은
새로운 기쁨을 준다

청소기를 돌리는 일이나
냉장고를 정리하는 일은
꼭 해야 할 일이라 한다

좋은 영화도 보고
아이들과 쇼핑도 한다
아이들과 함께 외출은 너무 즐겁다

기도도 하고
찬양도 많이 부른다
물론 말씀 통독도 한다

요즘 휴가 중에 내가 하는 일이다
직장에서 중요한 업무 못지않게
훨씬 소중하고 즐겁다

평소 하찮게 여기던 일들이다
주께서 곳곳에서 깨닫게 하시고
즐거움을 느끼게 하신다

묵상적 삶

깊은 고통의 때를 지나면
주 안에 잠잠히 혼자 머무는 시간
고요한 시간의 필요를 알게 된다

작은 일상의 소중함에 눈을 뜨고
영적 의미를 부여한다
주의 광대하심에 고개를 숙인다

자연 만물에 살아 움직이시는
주의 손길을 새롭게 느끼게 되고
삶의 곳곳에서 주의 사랑을 발견한다

무심하게 지나치던 사람들
익숙한 환경에서 음성을 듣고
전혀 다른 차원의 묵상적 삶이 된다

열심히 하던 주의 일을 줄이고
주 발아래 하염없이 그냥 앉아 있어도
평안함과 기쁨이 넘친다

부끄러운 고백

남보다 낫다고 생각했습니다
특별하다고 착각했습니다
고난도 시련도 많이 받고
훈련도 더 받았다고 말했습니다
성경도 많이 읽고
기도의 시간도 길다고 자랑했습니다
선한 일에도 앞장서고
주의 소명도 떠벌렸습니다
사람들의 칭찬과 인정을 구했습니다
아직 과정 중에 있다는 것을 잊었습니다

자기애이고 자기 의요
자기 사랑이며
가장 큰 죄 교만임을
너무 늦게 깨달았습니다
모든 것은 주의 은혜요
주께서 친히 이끄시고 일하심을
망각하고 떠들어 댔습니다
내 공로로 차지했습니다
칭찬 듣고 칭송에
겸손이 마비되었습니다

다시 시작해야 합니다
구원의 자리로 내려가야 합니다
십자가의 자리에 다시 서야 합니다
그리스도와 함께
자아를 철저히 죽여야 합니다
밀알로 썩어져야 합니다
성결하고 거룩해야 주를 다시 봅니다
오직 그리스도만 남겨야 합니다
오직 주의 임재만을 사모해야 합니다
온전히 성령으로 채워야 합니다

성령 예찬

주께서 약속하신 보혜사
보내신 주의 영이시다
한없이 연약한 우리를
보호하신다
이끄신다
인도하신다
도와주신다
탄식하신다
중보하신다

마음으로 믿을 때
성령을 받았는가
죄덩어리인 자신을
십자가에 못 박고
죄 사함을 받았는가
예수를 구주로 시인하고
물과 성령으로 거듭났는가
그가 내 안에
내가 그 안에 연합되었는가

시험의 때

인내의 말씀을 지켰으니
주께서도 우리를 지키시고
시험의 때를 면케 하신다고
약속하셨다

드러내지 않아야 할 때
드러내야 할 때
잊혀져야 할 때도 있다
인내의 말씀을 지켜야 한다

주권자의 절대 선하심을 믿는다
일점일획도 어긋남 없이
주의 뜻과 말씀에 무조건 인내하면
시험의 때를 면케 하실 것이다

마라나타

이 땅 일은 하늘에서 결정된다
뜻이 하늘에서 이루어진 것같이
땅에서도 속히 이루어지길 소원한다
주권 아래 무릎으로 가는 길이다
주의 뜻과 때와 방법에 민감해야 한다
주의 뜻에 쓰임받는 기쁨
주의 나라 일에 동참되는 기쁨
주와 동행하는 기쁨
전심으로 갈망한다
마라나타

3부
예수를 깊이 생각하라

복된 약속

여호와는 나의 목자시니
내게 부족함이 없으리로다
그가 나를 푸른 초장에 뉘이시고
쉴 만한 물가로 인도하신다

나의 목자이신
주를 생각하면 평안과 위로가 온다
말씀이 큰 힘이 된다
험한 세상 혼자 외롭지 않다

목자 없는 양처럼
가련한 것이 어디 있을까
부모 없는 고아처럼
불쌍한 우리에게 주는 목자가 되어 주신다

그 약속이 힘이다
고단한 인생 길 찾아 헤매지 않고
오직 주만 따라가면
길이요 진리요 생명의 길로 인도하신다

연약하고 어리석은 우리에게
전지전능 무소부재이신 주께서
목자가 되어 주신다
이보다 더 복된 약속이 있을까

삶의 혁명

삶에 혁명이 일어났다
신을 만났다
인생의 답을 얻었다
길이요 진리요 생명 되신 분

십자가에서 인류의 구원을 위해
자기 생명으로
값을 대신 치르신 분
참인간이며 참신이신 그리스도

죄덩어리 채로
사망을 향해 가던 길이
영생으로 터닝되었다
그리스도는 나의 주인이 되었다

마음으로 믿어 의에 이르고
입으로 시인하여 구원에 이른다고 했다
주의 계획에 기꺼이 참여하였다
주의 자녀가 되기로 결단하였다

내가 선택한 종교가 아니라
주의 영이 내 삶에 찾아오신 사건이다
초자연적 섭리요 은혜였다
영혼의 갈증이 해갈되기 시작했다

세상에서 얻을 수 없는
참평안과 기쁨 자유함
삶의 가치와 기준이 변화되었다
의미와 방향이 수정되었다

그리스도를 푯대로 삼아
인생을 그분께 걸기로 확정했다
좁은 문 좁은 길을 갈 것이다
그리스도는 내 삶의 혁명이다

예수를 깊이 생각하라

주의 때가 올 때까지
인내하며 조급해하지 않으셨다

진리 안에 자유하셨지만
여호와를 온전히 경외하셨다

제자들과 함께 먹고 마시며
즐기워하셨지만 탐식은 없으셨다

늘 가르치셨지만
권위적이지 않으시고 따뜻하셨다

외모와 시선에 신경쓰지 않으셨지만
거룩하고 권세가 있으셨다

지도자였지만 아버지께
늘 한적한 곳을 찾아 기도하셨다

가난한 자도 부한 자도
차별 없이 대하셨다

온유하고 겸손하셨지만
불의에는 거룩한 분노를 내셨다

끝까지 사랑과 인내로
십자가 사명을 이루셨다

우리가 바라보고 따라갈 푯대
아버지의 형상의 본을 이루셨다

희락

하나님 나라는
먹는 것과 마시는 것이 아니라
오직 성령 안에 있는
의와 평강과 희락이라

의와 평강만을 추구했다
희락을 가볍게 여겼다
기쁨과 즐거움을 추구하는 것이
죄스럽게까지 여겼다

주의 앞에는 충만한 기쁨
주의 오른편에는 영원한 즐거움이
있다고 분명히 말씀하셨다
기쁨과 즐거움은 천국 백성의 특징이다

무겁고 부담스럽고
짓눌리고 힘겨운 것은
주님의 뜻이 아니다
성령의 열매도 사랑 희락 화평이다

주께 모든 짐 맡기고
항상 기뻐하고
쉬지 말고 기도하고
범사에 감사하는 것이 주의 뜻이다

하나님이 기뻐하는 자에게는
지혜와 지식과 희락을 주시나니
기쁨과 즐거움은 선물이다
주 안에서 충만히 누리고 나누면 된다

충만한 기쁨 영원한 즐거움

주의 앞에는
충만한 기쁨이 있고
주의 오른편에는
영원한 즐거움이 있다

이 땅에 수많은
유흥 오락 쾌락거리에서는
참만족 참기쁨을 얻을 수 없다
그래서 사람들은 방황한다

세상에서는 절대 찾을 수 없다
참기쁨 참즐거움 참만족
오직 하늘의 선물이다
주의 앞에 주의 오른편에만 있다

주의 나라는
먹는 것과 마시는 것이 아니라
성령 안에서
의와 평강과 희락이라

일치 연합 연결

어떻게 하면
하나님 뜻에
나의 뜻이 일치할 수 있을까

어찌 살면
일점일획도 틀리지 않게
그리스도와 연합될 수 있을까

얼만큼 집중하면
자아가 죽고
성령님과 온전히 연결될 수 있을까

영적 민감성

주의 뜻대로 하는 것
주께서도 늘 아버지께 묻고
시키신 일에만 집중하신
본을 따라야 한다

영적 민감성을 키워야 한다
주의 세미한 음성을 들어야 한다
일점일획도 틀림없이
기뻐하시는 뜻대로 순종해야 한다

자신의 생각이나 지혜는
불완전함을 인정해야 한다
내가 하고 싶은 일이 아니다
주께서 시키신 일이 최우선이다

주께 시선 고정이다
주의 말씀에 집중할 때
주의 뜻과 때와 방법을 알 수 있다
결국 집중할 때 명중한다

영혼의 만족

어찌하면 내 안에
오직 그리스도만 남길 수 있을까

그 사랑으로만
충만해 질 수 있을까

그 은혜면
충분할 수 있을까

그 한 분으로
존재 이유가 될 수 있을까

오직 그리스도로만 풍성한
영혼의 만족을 누릴 수 있을까

그 길 끝에서

범사에 기한이 있고
천하만사에는
정한 때가 있다

우리 모두는
결국 잊혀진다
받아들여야 한다

살다가 헤어짐은
특별한 것이 아니다
자연스러운 일이다

태어나고 죽고
만나고 헤어지고
피어나고 떨어지고

그렇게 인생은 흘러간다
그리 기뻐할 일도
그리 슬퍼할 일도 아니다

항상 기뻐하고 기도하고
범사에 감사하며 가는 길이
좁은 문 좁은 길이다

그 길 끝에서
아름다운 모습으로
만나기를 소망한다

수고와 슬픔뿐이지만

곤고하고 지친다
육신의 욕구가 일어나고
생명의 법이 막아선다

영의 일과 육의 일
하늘 일과 땅의 일
균형과 조화가 필요하다

수고와 슬픔뿐이지만
이 땅에 발을 딛고
천국을 준비해야 한다

주의 밭으로
주의 전으로
쓰임을 늘 기억해야 한다

믿음의 역사와 사랑의 수고
소망이 있어 인내할 수 있고
오직 주를 의지하니 평안하다

발아래 앉아

하염없이 주님의 발아래
앉아 있는 시간

아무것도 드릴 것도 없고
그냥 나를 올려드리는 시간

아무것도 바랄 것도 없고
그냥 주님 얼굴만 바라보는 시간

평안함과 자유함이
영혼에 쏟아진다

영혼의 정원에서

나의 영혼의 정원에서
어떤 향기가 나고 있을까

잡초나 오염은 없는지
자주자주 관리를 해야 한다

조금만 방심해도
잡초는 번식력이 뛰어나다

쓴 뿌리들도 완전히 제거해야 한다
언제든지 나와서 정원을 망친다

특히 외부에서 날아 들어오는
해충이나 억센 들풀이 늘 문제다

자리를 잡으면 정원은 병이 든다
번지기 전에 잡아야 한다

정원도 늘 사랑과 관심을 주어야
아름다움과 위로로 돌려준다

마음까지 시원한 내음이
삶에 활력을 준다

누구든지 벤치에 앉아
쉬어가고 싶은 나의 정원

참만족

풍부에도 비천에도
처할 줄 아는
일체의 비결은 무엇일까

어떤 경우에도
만족할 수 있는
그 비결은 어디서 올까

세상에서 가장 값진 보물
무엇과도 비교할 수 없는
가치있는 것을 소유했을 때다

길이요 진리요 생명 되신
십자가 은혜의 보물
크고 놀라운 그리스도를 품었다

사소한 욕심이 사라지고
일희일비가 줄어들고
영원한 것을 소유한 참만족을 누린다

온유해지면

구부러진 말
삐뚤어진 말이
바로 잡아지면 온유해진다

주의 말씀을 청종하여
주야로 묵상하고 지키면
온유해진다

날마다 자기를 쳐서
주의 뜻에 복종시키면
온유해진다

인자와 진리를 목에 메고
마음판에 새기면
온유해진다

온유해지면
주님의 형상이 드러날 것이다
주께서 주의 나라에 쓰실 것이다

온유해지면
평탄하고 형통할 것이다
은총과 귀중히 여김을 받을 것이다

일상 주의 선물이다

보송보송 마른
빨래를 접을 때

오랜만에 끓인 콩비지 김치찌개
가족에게 맛있다 칭찬 들을 때

화분에 물을 줄 때
새롭게 꽃이 피어날 때

강아지 모모가 털을 깎고 왔을 때
고양이 춘삼이 털을 긁어 줄 때

가까운 목욕탕에 다녀오다
마트에서 싱싱한 과일을 살 때

아이들과 이런 저런
카톡을 주고받으며 담소 나눌 때

자녀들이 갑자기 와도 부담없이
있는 반찬에 같이 밥 먹을 때

그냥 행복하고 감사하다
평범한 일상 주의 선물이다

내게 나타나신 것은

평범한 형제의 모습에
작고 소소한 일상에
애완견의 낯익은 몸짓에
흔하디 흔한 풀잎에도
주가 계시다는 것을
또 세미하게 말씀하고 계심을
이제야 깨닫습니다

이 땅의 주인 창조자를
너무 멀게 대했습니다
그리 가까이 우리 평범한 일상에
나타나신 것을 이제야 봅니다
내게 나타나신 것은
내가 본 것과 장차 볼 것의
종과 증인을 삼기 위함입니다

나의 주인 나의 사랑

나는 아무것도 아닙니다
무익한 종입니다
오직 주인의 뜻대로만 삽니다
주인께 인정받고 쓰임받는 것이
제 인생의 목표요 목적입니다

주인의 말씀을 청종하여
일점일획도 틀림없이
뜻을 이루심에 도구 되는 것이
제 사명입니다
오직 주를 믿고 의지합니다

나의 주인 나의 사랑
영원히 변함없으시고
완전 옳으시고 선하시고
회전하는 그림자도 없으신 분
생명을 다해 사랑하고 신뢰합니다

생명선

밤이 깊다
앞이 잘 보이질 않는다
요란한 소리와 아우성이 들린다
물에 빠진 이도 있고
위험을 느끼고
구조를 요청하는 이도 있다
어디 불빛이 없는지
갈급한 이도 있다

작은 등불을 들고 서 있으라
주께서 말씀하신다
그렇게만 해도
그 불빛은 진리 등대가 된다
주께 나온 사랑의 빛
주의 반사 빛이기 때문이다
우리 작은 등불은
생명선으로 인도한다

연합의 조건

간절히 원하는 한 가지
주와 연합되는 것
오직 주의 주권이다

그가 내 안에
내가 그 안에
하나 되는 거룩한 연합

자기 포기
자기애
자아를 없애야 한다

단순해지는 것
아이처럼
주만 의지하는 것이다

자기 존재를
기억하지 않는 것
매일 죽는 것이다

지성소로 들어가는 것
가장 정결한 상태
주와 연합의 조건이다

본질

신앙의 본질은
주를 앙망하는 것이다
경외하는 것이다
사랑하는 것이다

책무와 계명
인생의 수고와 무거운 짐은
은혜와 사랑 안에 거할 때
자유롭고 가벼워지는 것이다

그 빛 앞에 서는 것이다
그 사랑을 받는 것이다
그 포도나무에 붙어 있는 것이다
주가 친히 일하신다

주께 쓰임받는 기쁨
동참되는 영광
동행하는 은혜
천국 백성으로 살아가는 것이다

# 4부
가장 아름다운 길

통로

하고 싶은 일
하고 싶은 말
가고 싶은 곳
바라보고 싶은 곳
즐기고 싶은 것

내가 중심이 아니라
주께서 원하시는 대로
절대 순종하는 길
일점일획도 틀림없이
청종하는 것

부르심에
적극적으로 반응하는 것
내 뜻을 온전히 내려놓고
주 뜻과 계획에
절대 순복하는 것

주의 은혜가
주의 능력이
주의 사랑이
주의 축복이
흘러가는 통로

모세의 기도

인생의 짧음을
하나님 사람 모세는
밤의 한 순간 같고
잠깐 자는 것 같고
아침에 돋는 풀 같다고
고백했다
우리의 인생이 순식간에
다하였다고
그 연수의 자랑은
수고와 슬픔뿐이라
우리가 날아간다고 탄식하였다
우리 날 계수함을 가르쳐 주시고
지혜로운 마음을 얻기를
간절히 간구했다
오직 주의 인자하심만 바라고
우리를 만족케 해 주시기를
일생 동안
즐겁고 기쁘게 해 주시길
갈망했다

내가 가는 길

내가 바라보고 가는 길
나의 푯대
예수 그리스도
그분을 닮아 가는 것
주의 형상을 회복하는 것이다

정결함
주의 말씀을 청종함
겸손으로 허리를 동이는 것
섬김으로 타인의 발을 닦이는 것
주께서 보이신 본을 따르는 것이다

더 가까이

나는 너희를 친구라 하리라
인류의 스승께서
제자들에게 하신 말씀이다
생각과 마음과 영이
하나 되고 통하는 관계
그 진정한 우정을 말씀하셨다

주께서 친히 선언하신
친구 관계다
친구는 닮는 것이다
그것을 기대하신 것일까
닮고 싶다
그 사랑 그 낮아지심

죄덩어리인 우리를
친구 반열에까지 초대하셨다
형제요 친구요 가족으로
얼마나 더 내려 오실 건가
더 가까이 하고 싶다
그분의 향기 내게서 나도록

딸이 좋다

딸이 좋다
오랜 동지처럼 끈끈하다
비밀을 공유한다

약점도 부끄럽지 않다
아픔을 같이 느낀다
서로 준 상처도 쉬 아문다

아주 오래 된 사이
아주 오래 갈 사이
주어도 주어도 더 주고 싶다

딸이 내 안에
내가 딸 안에 있는 성품
설명 없이도 우리는 그냥 안다

딸이 행복하면
내가 행복한 이유다
그래서 딸이 좋다

내 마음자리에

비워내고
닦아내도
자꾸만 다시 쌓인다

소리 없는 먼지처럼
어디선가 날아와
마음자리에 앉는다

마음을 지켜내는 일
결국 우리의 생존
생명의 근원이다

내 마음자리에
소중한 보배
잘 닦고 지켜내야 한다

행복의 기름 부음

사랑하는
남편을 위해
누룽지를 끓이는 일
아침마다 건강 쥬스를 갈아
섬기는 일이
하찮고 번거롭다고
생각한 적이 있다
하지만 이내
주의 상급이라는 것
일상의 기쁨
행복의 기름 부음
그 무엇보다 소중한 시간
선물임을 알았다
세상 어떤 큰일이
이보다 더
소중한 주의 나라 일일까

경외함의 뿌리

주를 경외함은 생명 샘이다
경외하는 자는
특별한 소유로 삼으신다
아들처럼 아끼신다
그리고 그를 경외하는 자
그 이름을 존중히 여기는 자
기념책에 기록하신다
경외함의 뿌리는 믿음이다

흔드심

이유를 알 수 없이
어느 날 삶을 흔든다
혼란스럽다
두렵고 불안하다

잡고 있던 것들이
떨어진다
깨진다
흩어진다

골라내는 것이다
진짜와 가짜들을
구별하는 과정
삶의 수술이다

그렇게 다시
세워져야 오래간다
그렇게 구별해야
거룩한 길에 선다

그래도 일하러 가는 사람

금방 쓰러져 버릴 것 같은
고통의 한복판을 지나면서도

모두가 떠나간 빈들 같은
황량한 곳에서도

마음이 상하고
인내함의 한계를 느끼면서도

소망이 보이지 않는
하루도 버틸 수 없는 절망 중에도

삶의 시련과 환란이
존재를 짓밟는 순간에도

신음 소리조차 낼 수 없는
주리고 목마른 시간에도

약속을 신뢰하며
몸부림치는 그 한 사람

주가 애타게 찾는 사람
그래도 일하러 가는 사람이다

온유하고 겸손하면

온유하고 겸손하면
주만 바라보게 된다
주를 닮아간다

완악한 자아가 소멸된다
자기중심이 죽는다
그리스도 중심이 된다

훈련이 끝난다
시험의 때를 면케 하신다
주의 군사로 쓰신다

주의 향기가 난다
주의 증인으로 보내신다
그리스도의 편지가 된다

명마가 되는 길

주를 온 마음으로 경외하는 지혜
거룩한 자를 아는 명철
주인의 음성을 잘 알아듣는 순종
자신이 아무것도 아닌 것을 아는 겸손
주인의 손짓에 가고 서는 민감한 반응
오직 주인의 뜻에
잘 길들여진 온유함
지혜와 명철
겸손과 온유로 옷 입은 자
왕을 태우는 명마가 될 것이다

가장 아름다운 길

나는 이 세상에 왜 왔을까
나의 인생의 목적은 무엇일까
나는 어디로 가고 있는가
내 인생의 끝은 어디인가
선한 질문에서
아름다운 길은 시작된다

하늘의 뜻과 계획
그 사명을 아는 것이 중요하다
우리 연약하고 부족함을 알고
창조주의 주권을 인정하는
겸손하고 온유한 마음
하늘 문을 열게 한다

신의 뜻과 계획을 묻는
깊은 시간이 필요하다
군중 속의 분주함을 내려놓고
고독한 질문의 시간이
세월을 아끼는 지혜다
그 시간 인생은 이미 아름답다

하늘로부터 온 꿈
하늘이 준 선물 달란트
우주 만물의 섭리 바이블
길이요 진리요 생명 되신 창조주
그 긍휼과 사랑을 믿고 의지할 때
가장 아름다운 길이 열릴 것이다

또 다른 차원의 축복

이 세상에는
부귀도
명예도
무병장수도 축복이다

그보다 더 큰 축복은
구원의 축복이다
우주 만물의 주인이신
주의 자녀가 되는 축복이다

더 값진 축복은
주께 쓰이는 축복이다
다른 사람을 생명의 길
옳은 데로 인도하는 축복이다

또 다른 차원의 축복은
주가 내 안에
내가 주 안에 거한 축복이다
주께서 친히 상급되시는 축복이다

그 사랑에 뿌리를 내리고

목숨을 내어 주고도
못내 아쉬워서
눈을 떼지 못하는 그 사랑

또 다른 보혜사를 보내시고
날마다 동행하시고
인도하시는 그 사랑

그 사랑에 뿌리를 내리고
터가 굳어져서
그 사랑에 매이길 원합니다

그 깊은 사랑
그 충만함에
온전히 잠기길 갈망합니다

무엇으로도 방해받지 않고
주께 뿌리내린 사랑
주와 연합되길 열망합니다

거침없게 흠 없이

아무것도 아니고
아무것도 할 수 없는
무익한 종을 고르신다

고난과 시험
훈련과 연단을 통해
쓸 만한 연장을 만드신다

오래 참고 기다리시고
은혜와 사랑을
한없이 부으신다

주를 닮아가게 하신다
그 손길을 나타내시고
영광받으시길 기대하신다

'능히 너희를 보호하사 거침이 없게 하시고
너희로 그 영광 앞에
흠이 없이 기쁨으로 서게 하실 이'

아름다운 성전

한 가지 원하는 것을 구하기는
주의 집에 살면서
주의 아름다움을 바라보며
그 성전을 사모하는 것입니다

주께서 택하시고
가까이 오게 하셔서
주의 뜰에 살게 한 사람은
복이 있습니다

주의 집 곧
아름다운 성전으로 만족합니다
주의 거할 처소
그리스도와 함께 지어져 갑니다

어떻게 하면

어떻게 하면
주님 마음을 더 잘 알 수 있을까

어떻게 하면
주님과 더 친밀해질 수 있을까

어떻게 하면
주님이 기뻐하는 것을 기뻐할 수 있을까

어떻게 하면
주님이 싫어하는 것을 싫어할 수 있을까

어떻게 하면
주님처럼 겸손할 수 있을까

어떻게 하면
내 안에 죄와 자아를 버릴 수 있을까

어떻게 하면
주님과 연합하고 성령 충만할 수 있을까

어떻게 하면
주님이 거하실 충분한 처소가 될 수 있을까

내 삶의 채널

내 삶의 채널은
결국 내 책임이다
거룩한 두려움으로
주를 경외함으로
길이요 진리요 생명 되신 주 앞에
허리를 동인다

내가 바라본 대로
내가 말한 대로
내가 꿈꾼 대로
내가 기도한 대로
내가 염려하고 근심한 대로
내 삶이 펼쳐져 간다

내가 하늘로 쏘아올린
주파수대로
내 삶의 채널이 결정된다
좀 늦더라도 하늘의 뜻을 묻고
겸허히 받아들일 때
옳은 선택 복된 채널이 열린다

한 가지 소원

주께 구하는 한 가지 소원은
주의 집에 살면서
그 성전에서 사모하는 것입니다

주께 더 가까이
성전의 뜰에서 살면서
성전의 아름다움으로 만족하는 것입니다

주의 집에 심겨져
주의 아름다움을 바라보며
주의 뜰에서 성장하는 것입니다

5부
무릎으로 가는 길

왕의 자녀

만왕의 왕
만군의 주의 양자가 되었다
오직 그리스도의 십자가 은혜
값없이 죄 사함을 받고 자녀가 되었다

무거운 삶의 짐을 내려놓고
누더기를 벗고 새 옷을 입었다
성령의 인침을 받고
말씀의 두루마리를 받았다

세상의 근심 걱정에서 자유해졌다
아버지의 보호하심을 약속받았다
무엇이든지 그리스도 이름으로
아버지께 구하면 받는 특권을 주셨다

이제 왕의 자녀다운
품위와 품격을 갖추는 일만 남았다
정결하고 의롭고 선하게
주를 닮고 주를 나타내는 일이다

영원한 천국 입성을 위해
자격을 갖추고 준비해야 한다
왕의 자녀다운 언행 심사
천국은 이 땅에서 시작되었다

닮고 싶습니다

그 사랑
그 섬김
그 인내와 오래 참음
닮고 싶습니다

더 낮은 곳으로
더 가난한 자에게
더 아픈 자에게 내려가심
닮고 싶습니다

한적한 곳에서 기도하시고
늘 아버지 안에 거하시고
오직 아버지 뜻을 따르는 순종
닮고 싶습니다

무릎으로 가는 길

사명은
무릎으로 가는 길입니다

주의 마음이
내 사명이 되길 소원합니다

주의 뜻이
내 생명의 길이 되길 갈망합니다

주와 동행하며
주의 손발이 되길 열망합니다

주의 임재 가운데
주의 아름다움을 사모합니다

종신토록
주의 뜰에서 섬기길 소원합니다

그 간절한 무릎 위에
성령의 기름을 부어 주소서

그 친밀한 무릎 위에
성령의 능력을 내려 주소서

생산의 법칙

한 알의 밀이 땅에 떨어져
죽지 않으면 한 알 그대로 있고
죽으면 많은 열매를 맺는다

풍성한 열매를 원한다면
반드시 자기가 죽어야 한다
생산의 법칙이다

십자가의 고귀한 죽음은
인류를 구원하였고
수많은 생명의 열매를 맺었다

자기 의 하나님의 의

주를 위해 한 사역도
자기 의를 드러낼 수 있다

이웃을 돕는 것도
이기적인 행위일 수 있다

생명을 내어준 사역도
자기 영광일 수 있다

많은 업적이
자기 공로가 될 수 있다

바리새인적 신앙은
종교적 욕망일 수 있다

자기 의는
자기 자랑을 낳는다

하나님의 의는
절대 감사를 낳는다

징계하시는 사랑

훈련의 막대기
시련의 고통의 시간은
징계하시는 사랑
축복으로 가는 길목이다

부르짖을 때
강하게 하시고
성령의 힘을 얻고
더욱 높이 올라가는 과정이다

시험과 시련을 통해
마음에 씨앗을 심는다
주의 목적을 신뢰할 때
주의 영광이 될 것이다

하나님의 비밀

세상을 이길 힘
자기를 이길 힘
죄악을 이길 힘

여호와를 앙망함
여호와를 경외함
여호와를 의지함이라

여호와를 경외함은
지혜의 훈계라
지식의 근본이라

하나님의 비밀은
예수 그리스도시라
지혜와 지식의 보화라

하나님의 음성

인생에 가장 중요한 것은
주의 뜻을 아는 것이다

우리 창조자는
우리의 약함과 부족함을 아신다

우리의 뜻과 계획을 갖고 계신 분
그분께 묻고 음성을 듣는 것

그분의 음성을 기다리는 것
가장 지혜로움이다

하나님보다 앞서면
대가 지불이 있다

하나님 음성을 듣기까지
기다림이 가장 탁월한 선택이다

하나님의 최고의 삶
지혜로운 선택과 결단으로 온다

죽은 자

그리스도와 함께
십자가에 못 박혀
자아가 죽은 자는
자기 말이 없다
자기주장이 없다
자기 뜻이 없다
자기 생각이 없다
자기 계획이 없다
주의 온유와 겸손을 닮는다
영원한 안전과 평안이 있다

그리스도와 함께
십자가에 못 박혀
자아가 죽은 자는
주의 이끄심
주의 뜻과 계획
주의 영광
주의 나라를 위해
순종과 헌신
살고 죽는다
면류관이 예비되어 있다

고난의 강도만큼

고난이 클수록
영광이 더 나타난다

골이 깊을수록
산은 높은 법이다

역경이 셀수록
주께서 더 크게 도우신다

감당하기 힘들수록
주께서 가까이 계신다

부르짖을수록
강하게 역사하신다

연단이 클수록
주의 능력이 놀랍게 역사한다

아픔이 클수록
더 많은 사람들을 위로한다

고난의 강도만큼
쓰임의 크기가 커진다

구원의 오해

처음엔 교회에 나가기만 하면
구원받고 천국 가는 줄 알았다
예수만 믿는다고
시인만 하면 영생 얻는 줄 알았다
쉽고 값싼 구원의 오해가 있었다

우리의 죄를 대신 지신
예수 그리스도를 구세주로 믿고
그 십자가에 자신의 죄를 못 박고
처절히 회개함으로 구원을 얻고
물과 성령으로 거듭나야 함을 알았다

그때야 비로소 내 행위가 아니라
오직 주님의 보혈의 공로로
구원을 받고 하나님 자녀가 되고
영생을 얻게 됨을 알았다
이 또한 성령님의 도우심이다

입으로 주여 주여 함도 아니고
청함을 받은 것만으로도 안 되고
깨끗한 옷을 입어 택함을 받고
머리가 아닌 마음으로 믿어야 하고
주의 뜻대로 행해야 천국에 간다고 하셨다

십자가에 옛 사람이 죽어야
비로소 새 피조물이 되는 것이다
성령의 열매를 맺으며
믿음의 선한 싸움을 싸우고
두렵고 떨림으로 구원을 이루어가야 한다

사모함으로

하고 싶은 말 다 하고
마음 내키는 대로 다 행동하고
원인도 결과도 무시한 채
그냥 살아버리는 공허한 시간

주 앞에 아무것도 아닌 존재
스스로 아무것도 할 수 없는 존재
무익한 종임을 아는 것이
겸손의 시작이었다

끝까지 놓지 못하는 질긴 자아
펄펄 살아 뛰는 자아를
주권 앞에 내려놓고
순종으로 길들여지는 것이 온유다

나는 온유하고 겸손하니
내 멍에를 메고 내게 배우라
평생 주를 닮아가는 것이 신앙 여정이다
오늘도 사모함으로 주만 바라본다

나비의 여정

땅에 것을 바라보며
땅에서 좋은 것을 찾으며
그것들을 모으기 위해
밤낮 기어다니는
고단한 일벌레였다

그런 삶이
때론 회의가 오기도 했지만
다른 길을 알지 못했다
일벌레가 나비가 되는 길이 있다는
소문을 듣긴 했지만 믿지는 않았다

나비를 사모하며 동경했다
그러다 실제로 나비가 된
동료 일벌레를 만났다
그의 복음을 듣고
나비가 되기로 결심했다

결코 쉬운 길은 아니었다
실패한 애벌레도 많았다
자기의 모든 것을 내려놓고
무덤 같은 깜깜한 고치 속에서
오래 참고 견디고 기다려야 했다

때로 두려움과 고독
불신이 온몸을 휘감을 때도 있었다
어느 따뜻한 봄날
밖에서 주가 문을 두드렸다
겨우 손을 뻗어서 문을 열었다

아 햇살 아름다운 꽃향기
이제는 일벌레가 아니라
자유롭고 아름답고 유익한
사랑의 전달자
나비로 부활되었다

성화의 은혜

구원의 은혜는
초자연적 기적이다
왕의 자녀로 신분 변화는
누더기 옷을 갈아입는 과정이다
옛 사람 옛 습관을 벗어야 한다

때론 아프고
때론 이해할 수 없고
포기하고 싶은 갈등도 있다
너희를 향한 내 마음은
평안이요 재앙이 아니라 하신다

살처럼 붙은 죄악의 습관
싫지 않은 자기 연민
벗고 싶지 않은
옛 자아들의 아우성
자기다움으로 정당화하려 한다

어쩔 수 없는 아버지의 결정
고난과 시험과 훈련은
성화의 은혜이다
주의 형상을 닮아가는
성화의 필수 과정이다

잘 견디고 나면
결코 교만하지 않은
주의 권세와 권위의
성별된 옷을 새로 입혀 주신다
성화의 길 사모하며 인내해야 한다

나의 친구라

사람이 친구를 위하여
목숨을 버리면
이보다 큰 사랑이 없으니

너희가 내 명하는 대로 행하면
나의 친구라

내 계명은 곧
내가 너희를 사랑한 것같이 너희도
서로 사랑하라 이것이다

친구의 생명으로 세운 계명
어찌 가볍게 받을 수 있을까

이 땅 가장 크고 놀라운 감동
친구가 되어 대신 십자가를 지신 창조주
완전한 친구 완전한 동행

온 세상을 다 주어도 바꿀 수 없다
숭고하고 위대한 나의 친구라

주의 거하실 처소

성령 안에서
하나님의 거하실 처소가
되기 위하여 예수 안에서
함께 지어져 간다

더욱 정결하고
더욱 신실하게
주의 거하실 처소로
인정받고 사용되어지고 싶다

내 안에 주인만 거하시도록
주께서 싫어하시는
죄악과 헛된 자아를
십자가에 기쁘게 못 박았다

평안과 기쁨과 자유를
선물 주셨다
주의 거하실 처소
성령 충만한 삶으로 변화되어 간다

우주 무대에서

원대한 우주 무대
우리는 모두는 배역을 맡은 배우다
배우는 연출자에게 시선을 고정해야 한다
뜻과 계획에 어긋나지 않아야 한다
연출자와 배우의 친밀함이 핵심이다

연출자의 의도에 순응할 때
가장 최고의 배우가 된다
연출자와 배우가
호흡이 잘 맞아야
기쁨과 만족함이 온다

우주의 무대가 너무 커서
간혹 연출자가 잘 안보기도 하고
역할이 흔들릴 때가 있다
기획 의도를 놓칠 때
바로 위기다

자꾸 자기만의
단막극을 만들고 싶다는

유혹이 찾아온다
연출자에게 시선 고정하지 않으면
잘못된 욕망에 사로잡힌다

연출자의 의도에 빗나간 행동을 한다
전체를 위해
연출자는 조치를 할 것이다
퇴출이나 금지 명령
즉각 시정 회개해야 한다

늘 깨어 그와 시선을 맞추고
호흡을 맞추는 데 시간을 드려야 한다
때론 모든 것을 정지하고
말씀과 교제의 깊은
골방의 시간이 필요하다
충분히 훈련과 연단을 통해
연출자의 뜻에 언행 심사를 맞추어야 한다
크고 놀라운 우주 무대의 균형잡히고 조화로운 운행
그 한 점 참여함을 기쁘게 감당해야 한다

풀어 주소서

주님의 만지심을 원합니다
주님의 임재를 갈망합니다

저를 거룩케 하소서
저의 결박을 풀어 주소서

분주함을 내려놓게 하소서
자유함을 주소서

더러움을 떠나게 하소서
정결한 곳에 머물게 하소서

더 헌신하게 하소서
더 시간을 드리게 하소서

더 친밀해지길 원합니다
더 가까이 동행하길 소원합니다

거룩한 산으로 이끄소서
주의 뜰에 살게 하소서

주의 말씀과 뜻을 기다립니다
제 안에서 전 존재를 사용하소서

그래도 힘이 나는 이유

주께서는
세상에 미련한 것들을 택하사
지혜로운 자들을 부끄럽게 하시고
세상에 약한 것들을 택하사
강한 것들을 부끄럽게 하시며

세상에 천한 것들
멸시받는 것들과
없는 것들을 택하사
있는 것들을 폐하시겠다 하신다
그리 약속하시고 격려하셨다

나처럼 미련하고 약한 것
천하고 멸시받고 없는 것도
주님의 은혜로 들어 쓰임받고
주의 영광 앞에 살게 하신다니
오늘 그래도 힘이 나는 이유다

우울할 수 없는 이유

이십대의 막막한 우울
삼십대의 무게의 우울
사십대의 갈등의 우울을 겪고
지금은 오십대 삶의 거울 앞에
상처입은 치유자로 서 있다

늘 따라붙어 유전처럼
괴롭히던 삶의 지독한 우울
결국 싸워 이기고
기쁨의 전리품을 소유했다
내 힘으로는 벌써 참패했을 것이다

위기에 손을 내미신 분을 만났다
지푸라기라도 잡고 싶은
절박한 마음으로 그분의 손을 잡았다
기대보다 훨씬
가까이서 만난 그분은 따뜻했다

속 깊고 부드럽고 힘이 있고
거룩하고도 아름다운 분이셨다
온전히 그분을 의지하고
전심으로 사랑하게 되었다
그 십자가 은혜 앞에서 펑펑 울었다

우울은 자연스레 소멸되었다
뒤에 깨달은 진리
그분이 먼저 사랑하고
간절히 기다리고 계셨다는 것
그 사랑이 우울할 수 없는 이유가 되었다

종신토록 주 앞에서

주께 더 가까이 가길 원합니다
더 배우길 소망합니다
더 깊이 알길 사모합니다
더욱 친밀해지길 갈망합니다

주의 뜰에 살게 하소서
종신토록 주 앞에서
정결하고 의롭게
두려움 없이 섬기게 하소서

일상의 순간순간
주를 더 경험하길 소원합니다
세미한 음성을 듣고
주의 뜻과 주의 나라에 동참하길 갈망합니다

미련하고 연약한 것을 택하사
지혜롭고 강한 자를 부끄럽게 하소서
주를 더 닮게 도와주소서
주의 형상을 회복하소서

우울의 끝

나도 사랑받고 싶고
관심받고 싶다
나도 인정받고 싶고
말하고 싶다

나도 하고 싶은 것이 있고
좋아하는 것이 있다
나도 가고 싶은 곳이 있고
쏟고 싶은 사랑이 있다

결국 우울은 사랑 결핍이다
사람은 사랑받고
사랑하는 존재로 창조되었다
그 사랑이 채워지면 우울은 끝이다

사람의 사랑은 계절이 있다
반드시 겨울이 온다
하지만 영원히 목마르지 않는 사랑
오직 그 십자가 우울의 끝이다

하나님의 저울

얼마나 큰일을 하였는지
얼마나 큰 업적을 이루었는지
얼마나 큰 명예를 얻었는지보다

얼마나 주를 사모하고 기뻐했는지
주 안에서 주의 계명을 즐거워하고
얼마나 주를 닮았는지를 재신다

세계적인 인물보다
가정 천국이 더 먼저 더 큰 사명이다
주 안에서 크고 작음은 세상과 다르다

오늘 주와 사이가 얼마나 가까운지
얼마나 자주 소통하는지
그 친밀도 하나님의 저울이다